GEDANKEN TO GO

34 Gedichte für die Seele

Yasemin Kücük

Nana Seelentraum

Yasemin Kücük, geboren am 3. September 1995, wohnt in Zürich. Sie ist gelernte Grafikdesignerin und hat eine Ausbildung zur Fachfrau Betreuung abgeschlossen. Nächsten Sommer versucht sie sich als Sozialpädagogin. Durch ihre turbulente Kindheit kam es, dass sie schon mit elf Jahren damit begann, ihre erste Autobiografie zu schreiben, die den Titel trug: „Mein Leben und andere Katastrophen". Zum Glück hat sich diese Einstellung zum Leben bis heute stark verändert. Genau davon handeln die Gedichte in diesem Buch. Sie schreibt schonungslos und ehrlich was sie denkt, das macht sie so authentisch.

Auf meinem Blog **www.nanaseelentraum.com**
findet ihr noch mehr Gedanken, Tiefsinn, Lifehacks und
Quatsch. Das Leben ist schon ernst genug, deswegen ist
Lachen die beste Medizin. Und wenn du heute dein Lachen
nicht findest, schenke ich dir meines.

 Nana Seelentraum    nanaseelentraum

Impressum

Korrektur: Roland Delz und Stefanie Schuller
Lektorat: Nadja Bobik
Cover: Richard Tschumi
Text & Layout: Yasemin Kücük
Bilder: www.unsplash.com

1. Auflage 2020
In Herstellung und Verlag BoD
ISBN: 9783751972437

©2020 Yasemin Kücük
Herstellung und Verlag: BoD – Books on Demand, Norderstedt

Bibliografische Information der Deutschen Nationalbibliothek: Die
Deutsche Nationalbibliothek verzeichnet diese Publikation in der
Deutschen Nationalbibliografie; detaillierte bibliografische Daten sind
im Internet über dnb.dnb.de abrufbar.

„Was fange ich nur mit meinem Leben an?
Es dauert ja doch ein Leben lang.
Also fange ich mal zu leben an,
um zu sehen, was ich noch erleben kann."

Yasemin Kücük

Inhaltsverzeichnis

Graue Wolke

Seit ich denken kann, begleitete mich eine graue Wolke durch mein Leben. Egal, wo ich mich vor ihr zu verstecken versuchte, sie folgte mir auf Schritt und Tritt. Sie fand mich egal wo. Lange Zeit war ich traurig deswegen. Ich fragte mich oft, was ich der Wolke Schlimmes getan hatte; warum sie mich wählte. Ganz gleich, wie sehr ich weinte, ganz gleich, wie sehr ich sie anflehte zu gehen, sie blieb.
Ich brauchte lange Zeit, bis ich sie ertrug, aber das reichte nicht. So lebte ich Tag für Tag vor mich hin und kämpfte gegen sie an. Manchmal schreiend, manchmal weinend, manchmal schweigend. Ich vergaß vieles um mich herum, weil ich zu beschäftigt damit war, gegen die Wolke anzukämpfen.

Es brauchte zwanzig lange, holprige Jahre, bis ich begriff, dass ich dabei nichts gewonnen, sondern nur verloren hatte. Dann kam der Tag, als ich mich bewusst entschied, mit der Wolke über mir zu leben. Ich sah sie nicht mehr als Feind; sie wurde ein Teil von mir. Das muss nicht zwangsläufig bedeuten, dass sie gewonnen hat. Solange ich jeden Tag ausreichend strahle, verzieht sich die Wolke.

Seitdem ich aufgehört habe anzukämpfen,
habe ich genügend Energie, mein Herz an den Sonnenstrahlen aufzutanken und so die Wolke zu vertreiben,
wenn sie wiederkommt. Drängt sie sich auf und trifft auf mein Strahlen, siehst du diesen wunderschönen
Regenbogenüber dir.

Jung und dumm

Die Weisheit kommt mit der Zeit,
das wollt' ich nie begreifen.
Gelassenheit kommt mit dem Alter,
das wollt' ich noch erreichen.
Vertrauen kommt mit Selbstliebe,
dafür gibt es viele Zeichen.

Was habe ich denn jetzt,
wenn all das erst noch kommt?
Ich bin mir nicht ganz sicher,
bestimmt hat das alles einen Grund.

Jetzt bin ich jung
und darf noch dumm sein,
darf Fehler machen
und darf sie später auch bereuen.

Ich bin ja noch nicht weise,
ich muss noch nichts begreifen.
Gelassen sein, das lern' ich noch,
wenn ich es dann brauche,
weil ich weiß, dass ich das muss,
wenn ich das Leben lieben will.
Weil ich weiß, das tut mir gut.

Doch bin ich schon so reif
oder will ich noch ein bisschen jung sein,
bevor ich all das begreif?

Ja, ich bin noch so jung, doch fühle mich so alt.
Hab' Angst, mir läuft die Zeit davon.
So ist das mit der Zeit nun mal.

Lass dich nur nicht täuschen und
mach' dir keinen Druck.
Das Leben im Moment ist so schön,
wenn du nur richtig guckst.

Eigentlich

Eigentlich möchte ich empathisch sein und zu allem ja sagen,
trotzdem möchte ich nicht immer nett sein und auch nein
sagen können, wenn mir danach ist.
Eigentlich möchte ich die ganze Welt sehen, und doch ist es
zuhause am schönsten.
Eigentlich möchte ich Luftsprünge machen, und dennoch
gibt es so viel zum traurig sein.
Eigentlich möchte ich unendlich viele Menschen
kennenlernen,
trotzdem brauche ich Zeit für mich allein.
Eigentlich möchte ich mich selbst lieben, aber ich kann mir
nicht verzeihen.
Eigentlich möchte ich Visionen haben und die Welt verän-
dern, doch dabei beschäftige ich mich nur mit unwichtigen
Kleinigkeiten.
Eigentlich möchte ich wissen, was die Zukunft bringt,
und nichtsdestotrotz habe ich schon Angst vor morgen.
Eigentlich möchte ich jetzt schlafen,
aber ich will keine Sekunde verpassen.
Eigentlich mag ich das Wort „eigentlich" nicht,
allerdings wäre ohne dieses Wort so viel in Stein gemeißelt.
Eigentlich möchte ich frei sein,
und trotzdem gehen wir nur diesen einen Weg,
den wir sehen, und folgen den Fußspuren,
wie jeder andere zuvor es tat.

Verantwortung

Ich bin hier statt dort,
liege, statt zu fliegen,
spiegle in meiner Seele
die Gesellschaft wider.
Wär' ich mir doch viel öfter selbst der Spiegel.
Doch halt!
Dann wäre die Verantwortung bei mir.
Allein bei mir.

Aus Angst, gerade zu stehen,
aus Angst, einen unbekannten Weg
vielleicht allein zu gehen,
bleiben wir immer öfter stehen
und wissen plötzlich nicht mehr,
welchen Weg zu nehmen.
Und so warten wir ein Leben lang
auf ein bestätigendes Nicken
unserer Mitmenschen,
obwohl die oft gar nicht wirklich mitdenken.
Man weiß ja, was gut ist
und was sich gehört, doch all diese
„Tellerwäscher zum Millionär"-Bestsellerstories
hätte man ohne den Mut dieser Menschen
ja gar nie gehört.
Und dann redet man sich lange genug ein,
bei mir ist das eben anders,
bei mir sollte es nicht so sein.
Und dann
gestehen wir uns klammheimlich unsere Ängste ein.

Aber was, wenn ich scheiter',
was, wenn ich bankrott gehe,
was, wenn ich irgendwann zu alt bin,
um meinen Traum zu leben?
Ich mach dir da nichts vor –
das kann gut sein.
Keiner weiß das, und das tut mir ehrlich leid.
Nur eines kann ich dir auf den Weg mitgeben,
und es klingt verrückt:
Man muss mit allem rechnen, sogar mit dem Glück.

Müssen

Es gibt da diese Tage,
und ich weiß, dass du sie kennst.
Du liegst in deinem Bett,
aber fühlst dich, als ob du fällst.
Was mach ich denn, wozu das alles?
Kann nicht aufstehen,
weiß, da kommt was Besseres.
Doch bis ich mir das glauben kann,
liege ich noch hier.
Ich habe Zeit,
warte, bis irgendwas passiert,
warte, bis meine Energie kommt
und mich packt –
irgendetwas mit mir macht.

Der Tag schon fast vorbei,
es wird schon wieder dunkel;
hab heute nichts gemacht,
aber irgendwie ist das okay.

Muss irgendwas tun,
muss produktiv sein,
muss leisten.
Muss was erzählen können.

Aber wer sagt mir das?
Die Stimmen in meinem Kopf?
Die haben keine Ahnung;
sie plappern die Gesellschaft nach.

Ich fühl mich wohl in meinem Bett,
da ist es warm.
Kein Lärm, kein Geschwätz, kein Smalltalk –
das finde ich zur Abwechslung ganz nett.

So ich liege noch ein paar Stunden da;
Nichtstun ist ohne Druck ganz wunderbar.

Heute Morgen

Bin heute morgen aufgestanden,
mit einem Lächeln im Gesicht.
Ihr müsst wissen, so kenne ich mich morgens nicht.
Konnt' mir das nicht so recht erklären
und wusste nicht, was das war.
Hab mich dann fragend im Spiegel angesehen:
Augenringe, Pickel und zerzaustes Haar,
aber ein Grund zum Lachen war nicht da.

Hab mich hingesetzt und lange studiert,
augenreibend nachgedacht:
Was ist denn so Tolles passiert?
Bevor ich merkte, dass ich mir alles nur kaputt denke,
hörte ich dieses altbekannte „Tü-tü, tü-tü".
Ach, ich wusste es: Alles gar nicht wahr.
Alles nur geträumt,
abgesehen von den Augenringen und dem zerzausten Haar.

Aber warte mal –
so im Nachhinein betrachtet
wärs ja doch mal ganz schön,
sich nicht erschlagen aus dem Bett zu quälen,
ganz monoton zur Arbeit zu gehen,
ohne sich davor noch gefühlte zehn Mal
im Bett umzudrehen –
wie ein Kind, ganz unbeschwert,
morgens aus dem Bett zu hüpfen,
ohne Grund glücklich sein.
Keine Panik,
vielleicht ja morgen.

Träume

Vielleicht bin ich zu romantisch, vielleicht bin ich zu naiv.
Kann sein, dass ich zu viele Träume habe, kann sein, dass ich
keinen davon wirklich erleben werde.
Wie oft hat man mir gesagt, ich sei zu kindisch und zu ver-
rückt, doch vielleicht ist das der Weg zum Glück. Jedes Lebe-
wesen auf diesem oder jenem Planeten sollte das Glück verspü-
ren dürfen, zu träumen und andere träumen zu lassen.
Was wäre dein Leben wert ohne das?

Die Hoffnung der Träume ist mein Glaube an die Zukunft.
Nichts sonst lässt mich jeden Morgen aufstehen.

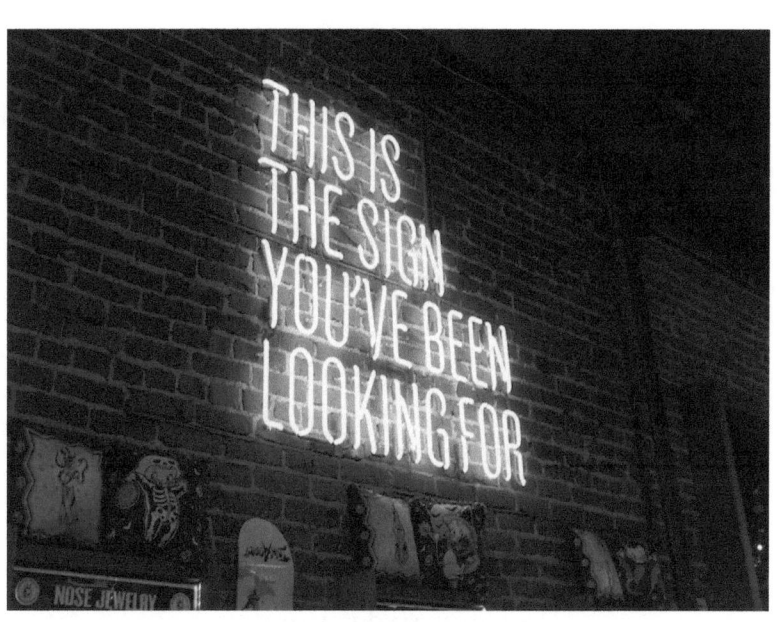

Stell dir vor

Stell dir vor, ich ruf dich an, um zwei Uhr in der Nacht,
weil ich nicht schlafen kann – bin wegen dir noch wach.
Stell dir vor, ich würd dir sagen, ich möchte dich gerne sehen.
Ich vermisse dich, und stell mir vor, da wäre mehr.
Könnten wir reden – stundenlang?

Stell dir vor, wir wären ehrlich, würden sagen,
was wir denken.
Ohne Angst, verletzt zu werden und wie es könnte enden.
Ohne die Worte „wäre, könnte, würde, hätte ..."
Stell dir doch mal vor,
ich mach dir nichts mehr vor und mir selbst schon gar nicht.
Stell dir vor, ich nehme meinen ganzen Mut zusammen,
sobald du dann wieder da bist.

Stell dir zu guter Letzt vor,
ich hätte dich angerufen und du wärst rangegangen.
Stell dir vor, wir hätten die ganze Nacht gelacht,
getanzt und einfach nur geredet.
Ganz offen und ganz ehrlich.
Ja, so schön könnte es sein.
Doch dazu sind wir zu feige.
Hätten uns in dieser Nacht um zwei Uhr getroffen.
Ohne Angst, aber mit viel Hoffnung.
Wir hätten nebeneinander im Gras gelegen
und uns erzählt, wie viel Angst wir hatten.
Hätten darüber gelacht,
wie bescheuert wir uns fühlten,
und dass wir nicht wissen,
ob das klappen würde.

Und jetzt stell dir die traurige Wahrheit vor:
Ich liege im Bett, mit meinem Handy in der Hand,
deine Nummer schon getippt.
Doch ich rufe niemals an,
weil ich nicht wissen will, ob es stimmt,
dass du dir nie etwas vorstellst mit mir.
Weil ich nicht weiß, was dann mit uns passiert.

Nicht, weil ich nicht wollte,
aber können tu ich es nicht.
Stell dir vor, er will das alles nicht,
und geht nie ran
an dieses doofe Telefon,
welches auch nie geklingelt hat.

Stell dir vor, wir hätten uns geküsst
und es gefühlt,
dieses lang ersehnte Glück –
was es heißt, sich fallen und treiben zu lassen,
in der Unbeschwertheit dieser Nacht.
Wir werden es nie wissen,
weil das Handy nie geklingelt hat.
Der Mut hat gefehlt,
die Angst dafür so gar nicht.
Wer hat uns eingeredet,
wir wären nicht gemacht für dieses Glück?
Wo verdammt ist unsere Zuversicht?

Ich mal mir das gerne aus,
denn um es zu tun, bin ich zu feige.
Keiner weiß, was das Leben bringt,
also lasse ich mich treiben.

Ich brauche

Ich habe so viel Liebe in mir drin,
nur zeigen kann ich sie nicht.

Die Leute schätzen mich falsch ein –
ich wünschte, sie könnten sehen,
wie ich wirklich bin.
Deswegen rede ich immer zu viel,
hoffe, dass sie mich verstehen.
Bin immer laut und manchmal neckisch.
Ich weiß, dass ich bei weitem nicht perfekt bin.

Die Leute übersehen, was ich sehe.
Ich bin so achtsam,
wenn ich mal alleine gehe.
Beobachte manchmal und bin dann sehr ruhig,
doch so kennt mich niemand, und
jeder fragt gleich, was ist los,
wenn ich mal verstumme.
Also rede ich meistens weiter,
möchte die Leute unterhalten.
Ich wünsche mir, dass sie glücklich sind.
Wenn ich zu viel rede und nie schweige,
möchte ich so meine Liebe zu meinen Mitmenschen zeigen.
Kann es leider nicht mit Nähe,
obwohl ich mir das so sehr wünsche.

Ich muss lernen, zu sagen, was ich brauch,
wie sollen andere wissen, was es ist,
ich steh ja selber auf dem Schlauch.

Ich halte sie auf Abstand,
nicht psychisch, aber physisch.
Das war mir vorher nie bewusst.
Predige immer von Liebe –
ich dachte doch, ich hätte es besser gewusst.

Also flüstere ich:
„Eine echte Umarmung wäre gerade so gut!"
Viel zu oft sind wir nicht ehrlich;
Verletzlichkeit ist eine Schande in unserer Gesellschaft
und die Tugend wäre Stärke.
Warum denn nur?
Jeder weiß, keiner ist so stark, wie er tut.
Also lassen wir es doch endlich sein
mit so tun, als ginge es uns ohne Liebe gut.
Wir sind lebendige Wesen –
ohne Gefühle wären wir tot.

Wie wäre es, wenn du dich traust,
zu sagen, was du brauchst,
wenn du das nächste Mal in dich schaust,
wenn du spürst, was du fühlst und dir selber lauschst?
Dann sag den anderen, was du brauchst.

Und jetzt, weil du weißt, wie schwer das ist,
zaubere jemandem ein Lächeln ins Gesicht,
indem du hingehst und ihn fragst:
„Wie kann ich helfen, wie war dein Tag?"

WG-Liebe

Manchmal ist es doch ganz schön,
wenn deine Mitbewohnerin nachts um zwei
noch in dein Zimmer schneit,
um zu reden, übers Leben,
haben wir doch vorher allein in unseren Zimmern geweint.
Rauchen und trinken Wein.
Zusammen schmecken auch die bitteren Tränen fein.
Zu merken, man ist nicht allein,
kann ja so unendlich schön sein.
Erzählen von unseren Geschichten,
haben davon gelernt,
so können sie uns nicht mehr vernichten.
Helfen uns so gegenseitig,
wenn es fehlt an eigener Stärke.
Schenken sie uns gegenseitig,
wenn sie fehlt in dunklen Nächten.

Nach viel Gerede und dem zweiten Glas
sieht die Welt schon anders aus.

Rede mit deinem liebsten Menschen,
klopf an die Tür und sprich ehrlich.
Es befreit den Kopf und die Seele,
befreit von all den angestauten Tränen,
ist die beste Medizin,
wenn du nicht weißt wohin.
Lass es raus und macht euch Mut,
das Leben ist mit wahren Freunden echt so gut.

Mittelmaß

Dieses verdammte Mittelmaß!
Es hält uns unten, nichts schlimmer als das.
Noch nie in der Geschichte der Menschheit
wurde aus Mittelmaß etwas Neues geschaffen.

Noch nie ist etwas Neues entstanden
aus mittelmäßigem Wohlbefinden.
Manchmal musst du ganz unten sein,
um dich neu zu erfinden.
Wenn du ganz am Boden bist,
und nur,
wenn du ganz am Abgrund stehst,
dann fällt dir ein,
wohin der Weg geht.

Ich will damit sagen:
Das Leben zwingt dich in die Knie,
bis du wieder den Sinn verstehst.

Wenn du dich fragst: „Warum muss das passieren?
Warum geht es mir so schlecht?",
dann hat das nur einen Grund, und das zu Recht.
Der Mensch ändert erst etwas, wenn es weh tut.
Erst aus Unzufriedenheit wird ihm bewusst:
So kann es nicht weitergehen,
so will ich dieses Leben nicht weiterführen.

Nur so finden Menschen die Kraft,
ihr Leben zu ändern.

Erst wenn es einen zum Verzweifeln bringt,
werden Wunder vollbracht.

Wenn es dir nicht gut geht,
lass die Trauer in dir raus.
Brich weinend zusammen
und schrei alles hinaus.

Dann, wenn du fertig bist,
wird dir klar, du musst was ändern.
Und an diesem Punkt kannst du anfangen,
die Kraft in dir zum Positiven umzuwandeln.

Diese Tiefe

Die Welt ist so viel tiefgründiger
als wir sie sehen können.
Unser Universum und alles, was uns physisch umgibt
ist nur ein Bruchteil von all dem, was wirklich existiert.
Es gibt so viele Dimensionen, die wir nur fühlen und erahnen können. Meine Gedanken gehen oft so tief – wie soll ich
es so erklären, dass jemand, an dieser sichtbaren Oberfläche
lebend, es verstehen kann?
Diesen Gedanken geäußert, stimmen die Menschen
begeistert zu, doch ich erkenne kein Verständnis.
Es macht mich traurig, dass wir nur sehen und nicht
fühlen, nicht reden darüber.

Hier an deinem Grab

Ich sitze hier an deinem Grab.
Ich war noch nicht bereit,
doch du bist das Schönste, was ich je gesehen hab'.
Ich weiß nicht, ob du es verstehst,
oder ob es da was zu verstehen gibt.
Ich hatte Angst und war in Panik,
wollte dir mehr geben als ich hatte.
Oder ist das eine Ausrede, dass ich zu feige war?
Das Einzige, was ich bis heute bereue, ist
dass ich es nicht versucht habe.
Traurig und doch wahr.

Meine Mutter war damals in meinem Alter,
als ich das Licht der Welt erblickte.
Sie nahm alles auf sich und war immer stark.
Kämpfte jeden Tag allein,
behielt mich und liebte mich.
Warum konnte ich das nicht?
Ich werde mich nie verstehen.
Heute ist mein einziger Wunsch,
dich zu spüren und zu sehen.
Zu sehen, wie du lebst, wie du läufst, wie du lachst.

In meiner Vorstellung hab' ich mir das so schön ausgemalt.
Du bist nicht allein, ich hab' mir das so gedacht.
Deine Oma ist auch da oben und wacht –
über dich und mich,
denn in ihrem Leben auf dieser Erde
hat sie es nicht geschafft.
Sie musste gehen, da war ich sechs –
so konnte sie besser für mich sorgen,

stets als Schutzengel an meiner Seite.
Heute weiß ich, sie tut für dich im Himmel das Gleiche.
Sie konnte ihre Aufgabe beenden,
ob im Himmel oder auf Erden.

An meine beiden Engel: Ich habe euch nicht vergessen.
Eure Ruhestätten sind mein Halt, wenn es Tage gibt,
an denen ich nicht mehr kann.
Heute weiß ich: Alles ist gut.
Das Leben ist ein Kreislauf, und
er schließt sich jetzt. Alles hatte seinen Grund.

Auch wenn es manchmal noch weh tut.
Die Zeit dreht sich nicht zurück.
Das sollte sie auch nicht.
Die Zeit heilt aber auch alle Wunden;
man muss mit seinen Entscheidungen leben,
auch wenn sie einen nicht stolz machen,
und egal wie daneben.
Ich habe Fehler gemacht
und sie machen mich menschlich,
aber es ist an der Zeit
und ich versuche es jetzt ehrlich,
auch mir selbst zu verzeihen.

Meine Lektion habe ich gelernt,
habe keine Angst vor dem Tod.
Dank euch weine ich vor Freude,
wenn mein letzter Tag kommt.

Bis dahin fülle ich mein Leben mit so viel Freude, wie es gibt.
Lebe für euch, weil ich weiß, dass ihr zu wenig vom Leben
gesehen habt.

In dieser Strasse

In der Straße, in der ich lebe, da gibt es nichts.
Mit nichts meine ich ein paar streunende Katzen,
die sich an den vereinzelten Bäumen ihre Krallen kratzen.
Nachbarn, die man nur bemerkt,
weil da ganz selten in der Nacht
noch ein Lichtlein brennt.
Aber sonst, sonst ist da nicht viel.
Das merke ich dann,
wenn ich nachts nicht schlafen kann.
Dann ziehe ich mir die Schuhe an
und laufe bis zum Sonnenaufgang.
Doch während ich da so meine Schritte mache,
fällt mir auf: Das ist der einzige Krach,
den ich hier höre.
Ich bleibe stehen und halte inne.
Diese Ruhe, diese Stille!
Sie tut mir gut,
ich fühl mich frei,
mal nicht gestresst
wenn auch ein bisschen allein.
Ich werde traurig –
oh nein, nicht schon wieder!

Also vorwärts, immer weiter.
Solange ich laufe, kann ich nicht scheitern.
Ich denk' an all die Menschen, die sich gerade allein fühlen,
und merke auf komplexe Weise:

So finde ich meinen Seelenfrieden.
Nicht aus Schadenfreude,
versteht mich nicht falsch.

Doch solange ich an sie denke,
merke ich, ich bin damit nicht allein.
Jeder fühlt sich mal allein,
wenn auch nur insgeheim.

Würde jeder das teilen,
wär' die Welt ein heiler Ort.
Und wir haben alle zusammen wieder etwas gemein,
sei es auch nur das Alleinsein.

Der Mond

Stundenlang könnte ich dem Mond beim Nichtstun zuschauen. Die Sterne, welche in einer fast unheimlichen Seelenruhe neben ihm her meditieren. Es ist eine kleine Auszeit von unserer wunderbaren, doch manchmal ermüdenden Erde. Ein Stück Frieden, ein kleiner Pausenknopf in dieser Zeit, in der die Gegenwart schneller vorbeihuscht, als dass wir sie verarbeiten könnten.
Wann immer du die Welt anhalten und aussteigen möchtest, verabrede dich auf ein Rendezvous mit dem Einzigen, der immer da sein wird. Der Einzige, der dich nachdenken lässt, ohne dich zum Weinen zu bringen. Er wird jeden deiner Wünsche entgegennehmen , ohne dich dabei zu belehren. Du wirst tiefer in dich gehen und ehrlicher zu dir selbst sein als diese nie anzuhaltende Gegenwart es dir je ermöglichen könnte.

Grossmuttertag

Meine Mutter bist du nicht,
doch das ist egal für mich.
Du bist mein Geschenk auf Erden,
warst mein ganzes Leben da.
Ab Tag eins warst du dabei,
ein Leben ohne dich,
das soll nicht sein.
Habe mich schon mehr als tausend Mal bedankt
und werde es weiter tun,
wir sind noch nicht am Ende angelangt.
Ich verdanke dir, wer ich bin,
das ist dir schon lange bekannt.

Kann es nicht in Worte fassen,
was du für mich getan hast,
all die tausend Sachen.

Bewundere und liebe dich,
auch wenn ich nicht immer einfach bin.
Du warst immer stolz auf mich,
auch wenn ich mich mitten in die Scheiße ritt.
Niemand sonst konnte mir das geben –
ein Zuhause, Geborgenheit
und Kraft für meine Seele.
Ich bin zuhause,
wenn ich dich sehe.
Ich könnte Bücher über dich schreiben,
aber man muss dich sehen und fühlen,
um zu begreifen,

dass du das größte Herz hast,
das die Welt hier je gesehen hat.

Ich möchte sein wie du,
gingen ein Stück unseres Weges
mit den gleichen Schuhen.
Du warst da in schweren Zeiten,
hast mich stets begleitet,
habe nie gefragt, wie es dir dabei ging.
Die eigene Tochter zu verlieren
scheint mir so schwer,
herzzerreißend, einfach nicht fair.

Deine Liebe gab mir Kraft;
dank dir habe ich es geschafft,
in dieser Welt nicht zu ertrinken.
Obwohl wir beide genügend Gründe hätten,
im Mitleid zu versinken.
Doch so hast du mich nicht erzogen.
Sei stolz und schau nach oben:
Was hält der Himmel für dich bereit?
Ich hoffe alles, wenn es ist, wie es scheint.

Ich verdanke dir mein Leben.
Du bist mein Schutzengel, mein Segen.
Könnte Stunden von dir erzählen,
doch die Tatsache, dass du Gold wert bist,
lässt sich nicht verdrehen.
Ich bin dir dankbar auf ewig.

Zwei Seelen

Ich fühle mich wie zwei Seelen,
die sich kreuzen;
sie bekämpfen sich im Innern,
widersprüchlich, gegensätzlich, wie sie sind.
Die eine so lieb, so positiv,
sensibel und verträumt.
Naiv wie ein Kind, unschuldig, gutgläubig,
und sie wünscht sich eine Welt voller Frieden.
Die andere so spöttisch, zornig, kampfbesessen,
rechthaberisch und unerträglich narzisstisch,
wie auch egoistisch.
Ich glaube, diese Seite ist das,
was wir in dieser Welt gesehen, gespürt, erlebt
und danach verinnerlicht haben.
Schleichend, ohne Anmerkung,
hat sie sich eingenistet,
bis wir vergessen haben, woher sie kam.
Diese andere, liebevolle Seite
ist das, was ich wirklich bin.
Weil diese Seite mich seit Kindesbeinen begleitet,
glaube ich, es ist die Seite, die der Natur entspringt.
Denn ein Kind kennt keinen Hass.

41

Kleines Mädchen

Ich habe mit ihr gesprochen, letzte Nacht,
mit dem kleinen Mädchen,
welches im Dunkeln auf ihrem Bettchen saß,
traurig, zerbrechlich und trotzdem so reif –
noch keine sechs Jahre alt und dennoch allein.

Ich las in ihren Augen ihre Geschichte
und wusste, was sie noch erwartet.
Ich wollte sie umarmen,
einfach drücken,
wollte ihr sagen:
„Du wirst das alles schaffen.
Du bist bewundernswert,
keiner kann dir was vormachen.
Seelen wie dir gehört die Welt.

Alles hat seinen Grund,
du wirst schon sehen –
doch es wird Jahre dauern,
bis du's verstehst.
Du sollst nie verstummen.
Leb' dein Leben;
du wirst weinen und auch leiden.
Wie sehr wirst du mir nicht glauben!
Doch weißt du was?
Wer so leidet,
der wird auch lachen können, wie kein anderer.
Du bist für Großes bestimmt, und ich liebe dich."
Siebzehn Jahre strichen durchs Land:

„Das bin ja ich" – bis ich es verstand.
Dieses Mädchen liebte sich nicht.
Erst, als ich sie zu lieben begann,
heilte etwas in ihr,
dieser Schmerz, auch als Selbsthass bekannt.

Was würdest du dir selbst als Kind sagen wollen?
PS: Sei nicht so streng mit dir,
dieses Kind wohnt immer noch hier.

Meine Allee

Ich betrete den Eingang,
ging diese Allee schon
gefühlte hundert Male entlang.
Ich war gerade sechs
und zu jung um zu verstehen,
du wirst für immer von uns gehen.
Ich ging diesen Weg schon so oft,
werde nie satt ihn zu sehen.
Immer wenn ich Kummer hatte,
war dieser Pfad entlang der Gräber
Balsam für meine Seele.
Das klingt makaber, kann ich verstehen.
Wieso sollte man so einen Weg auch freiwillig gehen?
Doch am Ende dieser Allee liegt DEIN Grab.
Wenn ich da ankomme, bin ich immer klar,
klar im Kopf,
klar im Herzen,
setze mich hin auf den kalten Boden
und erzähle dir von all meinen Sorgen.
Jedes Mal, wenn ich da bin, fängt es an zu regnen.
Ich glaube, du hörst mich
und versuchst mit mir zu reden.
Ich lache vor mich hin,
weil ich mich freue, dieses Zeichen hier zu sehen.
Dieses wunderschöne Leben hast du mir gegeben.

Ich kann da heulen und auch schluchzen,
und keinen würde es jucken.
Das tut so gut, bin allein, nur mit dir,

weil ich mit dir so gerne bin.
Bin so gerne hier.
Ich stell mir vor, du bist ganz nah bei mir,
ich spür deine Nähe immer hier.
Wir hatten zu wenig Zeit zu zweit,
doch im Herzen sind wir vereint.
Du begleitest mich auf Schritt und Tritt,
ich bekomm das gar nicht mehr immer mit.
Die Zeit heilt alle Wunden,
deswegen brauch ich mich nicht zu wundern.
Es tut mir leid, wenn ich dich zwischendurch vergess,
doch keine Angst, irgendwann komm ich zurück,
erzähl dir alles, was geschah,
fühl mich dir wieder nah.
Als Schutzengel bist du immer für mich da,
weil ich weiß, du bist für immer meine Mama.

Glück

Die Zeit, in der wir leben, ist schnell, vergänglich und oberflächlich. Jeder hat das Gefühl, ein Recht auf Glück zu haben, jeder denkt, man hat Anspruch auf alles, was einen diesem Glück auch nur ein Stück näherbringen könnte. Glück hat man weder verdient noch kann man darauf bestehen.
Nur dein rationaler Verstand trennt dich von deinem Glück, welches immer da ist. Du wirst dein Leben damit vergeuden, auf dieses oder jenes zu warten, bis du dir endlich erlaubst, glücklich zu sein. Wieso nicht heute? Nein, das war keine rhetorische Frage. Worauf wartest du? Was wäre anders, wenn du jetzt glücklich wärst?

Hier oben

Ich stand da, inmitten dieser Riesen.
Hoch oben auf den Gipfeln fühlte ich die Freiheit,
auf meiner Haut diese kühle Brise.

Mein Gesicht, geküsst von der Sonne,
schloss ich Frieden mit mir und meinen Sorgen.

Meine Haare, verweht vom Wind,
mein Kopf, befreit von Gedanken, wie bei einem Kind.

Meine Seele, getränkt von Erkenntnis:
Genieße diese Ruhe, was für ein Geständnis.

Mein Herz – von Gelassenheit besinnt,
meine lösungsorientierte Seite gewinnt.

Ich bin ein kleines Teilchen dieses Zahnrades,
welches wir Universum nennen.

Wer bin ich,
mich und meine Sorgen
ins Zentrum dieser Welt zu stellen,
als wäre ich die Sonne und
alles müsste sich um mich drehen.
Denn meine Sorgen,
wie groß sie auch sind, verschwinden,
sobald ich mich auf diesen Bergen befinde.

Je wichtiger du dich selbst nimmst,
umso größer wird deine Last.
Sei stolz auf dich, du hast es bis hierhin geschafft.

Ich lasse meine Sorgen hier,
deponiere sie,
falls sie jemand anderes will.
Ich brauche sie nicht mehr,
sie sind mir zu schwer.
Falls ich vergesse, wie gut es mir geht,
komme ich wieder her.

Doch wenn ich wiederkomme, erinnere mich bitte daran:
Die Welt dreht sich trotz meiner Sorgen weiter,
auch ich halte sie nicht an.

Eltern

Eltern sind die Definition von Perfektion.
Doch da waren wir noch klein –
wir sehen alles anders in der jetzigen Situation,
so wie es scheint.

Sie werden zu Menschen
mit Fehlern und Geschichten.
Auch sie wünschten sich manchmal,
man könnte die Vergangenheit umdichten.
Sie hatten ein Leben vor dem Elternsein,
doch das können wir kaum sehen, so im Nachhinein.

Es werden Gründe gesucht für unsere Fehler,
unsere Eltern besser dafür geeignet als jeder.
All ihre Fehlentscheidungen auf der Goldwaage platziert,
denken wir, wir hätten jetzt das Leben kapiert.

Doch dem ist nicht so.
Klar wir sind traurig und verletzt,
keiner hat uns vor diesem Moment gewarnt
und wir haben die Zeit davor nicht geschätzt.
Doch was wollen wir jetzt?

Wir sehen, sie sind Menschen,
und Menschen machen Fehler.
Warum werden wir zu Gegnern?
Sie waren stets unsere Lehrer,
haben uns das Leben gelehrt,
unsere Hand gehalten und unser Herz gewärmt,

unsere Launen ertragen und trotzdem von uns geschwärmt,
unser Bestes gewollt, wenn wir uns blind verirrten,
unsere Schritte geteilt, bei jedem Meter.
Was das alles bedeutet, verstanden wir erst später.

Hin- und hergerissen zwischen
Wutaktionen und Glückshormonen,
haben sie immer versucht, uns zu lieben –
das war oft nicht leicht.
Sie hatten auch ihre Sorgen, und
diese Entschuldigung reicht.

So danke ich euch zugleich,
dass ihr alles in eurer Macht stehende getan habt.
Auch wenn das vielleicht
zu oft das Falsche war.
Ich verstehe euch jetzt,
denn damals war es mir nicht klar.

Ihr wart nicht die geborenen Eltern,
doch eure Liebe zu eurem Kind war immer da.
Und der Mut mich zu bekommen,
macht euch in meinen Augen stark.

Gesetz der Resonanz

Wir sind Materie.
Wir leben in Materie.
Doch Materie existiert gar nicht.
Sie ist ein reiner Mythos.
Materie ist eine bloße Ansammlung von Energie,
und Energie lässt sich verändern.
Ein positiver Gedanke genügt,
und sogar deine DNA
wird sich nachweislich verändern.
Folglich auch die Umwelt,
die dich umgibt.
Es ist also das Gesetz der Resonanz,
welches dafür sorgt,
dass du das anziehst,
was du denkst.
Immer und überall.
Wenn du irgendetwas Negatives in deinem
Leben hast, hast nur du alleine es in dein Leben geholt.
Jeder, der im Besitz dieses Wissens ist,
sollte es zu seinem Glück nutzen.

Denken

Immer wenn ich denke,
verliere ich mich,
oft in Gedanken voller Zweifel.
Voller Trauer versuche ich
rauszugehen, davonzulaufen,
mich abzulenken,
nicht mehr zu denken.

Ich nehm' sie immer mit, egal wohin ich gehe.
Je mehr ich sie nicht hören will,
umso lauter werden sie.

So musste ich nachdenken,
über meine Gedanken,
mit Meta-Denken lernen, sie zu lenken,
in die Richtung, in der ich sie haben möchte.

Rückwirkend betrachtet muss ich zugeben,
dass alles besser kam als gedacht.
Also darf ich mir erlauben,
mir die sinnlosen Gedanken zu ersparen
und nur das zu denken,
was es wert ist, gedacht zu werden.
Ist es negativ und
der Gedanke nicht gehen will,
gehe ich eben.
Hier ist nur Platz für das Gute,
das nicht gehen will.
Immer wenn ich denke,

werde ich ganz still.
Merke in diesen Momenten,
was ich eigentlich will.
Bin mir anfangs nicht ganz sicher,
denke so lange, bis ich es begreife.
Denke oft zu viel
und habe ständig Zweifel,
egal, ob ich das will.

Hab' gelernt, es mir von der Seele zu reden,
und es immer öfter aufzuschreiben –
das hilft dabei, mir klar zu werden.

Über die Jahre habe ich viel gedacht,
dabei geweint und auch gelacht;
habe nie aufgehört,
im Laufe der Zeit auch immer dazugelernt,
nicht in Zweifeln zu versinken
und stets den Lichtern am Tunnelende zuzuwinken.

So haben mir die Jahre viel gebracht,
habe Texte zu einem Buch verfasst.

Verzicht

Es gibt zwei Arten von Verzicht –
die eine besser,
die andere tragisch.
Verzichte ich auf die neuesten Nikes,
ist es umweltbewusst.
Verzichte ich auf Freude, ist es fraglich.
Ich möchte nicht verzichten,
nicht sparen,
nicht mit meinem Lachen,
und nicht meine Worte für morgen aufbewahren.

Ich will leben, und zwar jetzt!
Vergeude meine Lebensenergie,
weil ich keinen Vorrat habe an Lebensbatterien.
Möchte nicht nur Fotos vom Leben,
sondern eine ganze Galerie.
Kein Mensch auf dieser Welt hat eine Allergie gegen Fantasie.

Gib mir Luftballons und Lollipops,
bis zum elenden Zuckerschock,
Einhörner, Karussells und Glitzer.

Kalte Pizza zum Frühstück,
dazu das erschreckende Date von letzter Nacht,
das gerade nackt neben dir erwacht.
Oh nein, oh Schreck,

diese verflixte Erinnerung!
– Schon wieder weg.
Aber eines verspreche ich mir:
Ich trinke nie wieder.
Wäre ich doch besser mal zuhause geblieben.

Und weißt du was?
Es ist halb so wild.
Alles, was vergänglich ist,
ist nicht so schlimm.

Auch das Leben gehört dazu,
deswegen gönn dir alles,
gib keine Ruh.
Du kannst alles haben und viel mehr.
Wann genug ist, entscheidest nur du.
Ich würde wetten auf Risiko,
dass kein Mensch jemals auf
irgendeinem Kontinent gesagt hat:
„Ich habe zu viel gelebt."
Im Gegenteil, das war's mir alles wert.

Aber das Leben nicht gelebt zu haben,
das wär' ein Verzicht,
mit dem ich persönlich nicht leben könnte.

Freude

Öfter als du denkst,
denke ich an dich.
Bevor ich schlafe,
schließ ich meine Augen,
sehe dein Gesicht.
Ohne Leben, ohne Freude stirbt es vor sich hin.
Ich frage mich, woher die Lachfalten kommen,
als hättest du sie dir geliehen.

Ich weiß, dass da einst mal Freude war,
auch wenn du sie nicht mehr findest.
Die Augen noch leerer als die Hülle,
in welcher sie sich befinden.

Ich male mir aus,
wie sich die Freude aus deinem Körper schlich:
Eines Nachts,
du warst nicht einmal wach,
hat sie sich auf den Weg gemacht.
Vielleicht hat sie sich gedacht,
du hast dein Leben lang dank mir gelacht,
doch jemand anderes braucht jetzt,
mehr als du noch, meine Kraft.
Jemand, der noch nie gelacht hat,
muss wissen, was er verpasst.

Die Freude hat gewusst,
du schaffst es auch ohne sie.
Sie hat dich ein Leben lang gelehrt,

wie man die Freude spürt.

Und du, du stehst am nächsten Morgen auf,
mehr tot als lebendig,
weißt nicht,
wann dieser elende Tag wird enden.
Die Freude hat dich verlassen,
aber du kennst sie noch.
Du darfst sie nur nicht vergessen;
ahnst bis heute nicht, was in dieser Nacht geschah.
Die Freude ist weg und alles ist fad.
Selbst Grau wäre zu bunt, um deine Welt zu beschreiben.
Die Freude muss allen dienen, nicht nur dir,
deshalb kann sie nicht ewig bleiben, nicht immer hier.

Bitte lass mich der Freude nicht erzählen,
sie hätte sich in dir geirrt,
als sie dachte,
du seist weise genug, an sie zu glauben,
auch wenn du sie nicht mehr siehst.
Tief im Herzen weißt du,
dass sie existiert.

Verlorene Menschlichkeit

Man sollte denken, Ethik sei ein angeborenes Geschenk.
Man könnte meinen, Kinder seien rein im Herzen,
so rein, dass wir uns als Erwachsene schämen,
wenn die Kleinen mehr Menschlichkeit zeigen als wir.
Wir können es kaum fassen – woher nehmen Kinder diese
Empathie, dieses Mitgefühl?
Wir erinnern uns traurig und melancholisch daran, wie wir
mal waren. Was hat uns so kalt werden lassen, so geizig, so
neidisch, so rechthaberisch und egoistisch?
Was war es, das uns dieser kostbaren Menschlichkeit beraubt
hat? Waren es böse Menschen, waren es harte Schicksals-
schläge, waren es Erfahrungen?
War es das Leben selbst, das uns der Herzlichkeit und Nächs-
tenliebe beraubt hat, des innersten, wertvollsten und schöns-
ten Guts, das der Mensch besitzt? Und nun?
Geben wir dem bösen Leben die Schuld? Wir können ja
nichts dafür, wir haben einen guten Grund. Wir haben uns
das ja nicht ausgesucht. Ja das stimmt, wir entscheiden nicht
über die Ereignisse, aber bestimmen darüber, was sie im In-
nern mit uns anrichten, wie viel Macht wir ihnen schenken.
Oder willst du diesem kleinen, reinen Wesen
vor dir erzählen,
dass es in ferner Zukunft ebenfalls
zu einem so hässlichen Menschen werden wird?
Erzähle der kleinen Seele vor dir, dass schwere Zeiten kom-
men werden, aber dass sie nie zulassen darf,
dass jemand die Wärme in ihrem Herzen raubt.

Dass es immer ehrlich sein soll,
auch wenn andere lügen, und dass es lieben soll,
wo andere hassen.

Ich vergebe ihm

Ich bin besessen von Gerechtigkeit,
setze mich ein gegen jedes Leid.
Wenn man verletzt ist,
fällt es so schwer zu verzeihen.
Ich werde verbittert, gebe nicht nach.
Ich bin im Recht, geh weg, das war's.

Doch so einfach ist das leider nicht.
Ich gehe im Streit,
zerbreche mir den Kopf.
Je mehr ich darüber nachdenke,
gebe ich ihm Macht.
Bin verletzt und enttäuscht.
Warte auf die Entschuldigung,
welche nie kommt.

Jahre später habe ich es verstanden:
Ich bin es mir wert,
jetzt zu verzeihen.
Es hat lange gedauert,
doch jetzt bin ich so weit.
Er hat es nicht verdient,
doch das spielt hier keine Rolle,
es tut mir nur leid für mich.
Ich vergebe, um meinen Frieden leben zu können,
und zeige keine Reue.

Du tust dir nur vielmehr selbst weh –
wo bleibt die Gerechtigkeit,
wenn der Frieden in deiner Seele fehlt?
Ich bin kein Richter.
Ich urteile ab heute über keine Seele mehr.
Ich kann nicht entscheiden, was gut und böse ist.
Ich kann nur vergeben.
Ich vergebe allen, die mir „Böses" getan haben,
vergebe auch mir selbst.
Denn vergeben bedeutet nicht vergessen,
es bedeutet bloß, den Griff zu lockern
und den eigenen Kampf ziehen zu lassen,
um selbst in Frieden leben zu können.

Das geht nicht

Kinder haben eine wunderbare Eigenschaft,
immer dann, wenn jemand sagt,
das hat noch keiner geschafft.

Sie kümmern sich nicht darum,
verstehen nicht, wer „keiner" ist.
Sie versuchen es weiter,
auch wenn es da halt Steine gibt.

Kinder haben etwas verstanden,
ohne es zu wissen:
Wenn jemand etwas wirklich will,
rede ihm nicht ins Gewissen.
Wenn diese Person zielsicher auf etwas zusteuert,
was kein anderer versteht,
bringe sie nicht ab von dem Weg,
den sie vor sich sieht.

Bis sie dann groß sind,
haben sie alle kleinen Wunder geschafft.

So merk dir eins:
Du bist immer richtig,
wenn du es anders machst.
Immer wenn jemand sagt,
„Das geht nicht, du bist verrückt",
dann bist du es dir schuldig und auf dem Weg zum Glück.
Alle anderen sind umgedreht' als da Steine lagen.
Keiner hat Geschichte geschrieben,

weil er auf Veränderungen wartete.
Du bleibst als Einziger zurück.

Jetzt ist es an dir.
Da stehst du, mit deinem Traum in der Hand,
und kein anderer ist hier.
Das ist deine Zeit und deine Chance,
renn los und halte erst wieder am Ziel.

Du musst dich nur von anderen unterscheiden,
nichts einfacher als das,
nichts ist einfacher als Geschichte zu schreiben,
wenn da keine anderen überbleiben,
weil sie Angst haben zu scheitern.

Verstehen

Ich habe mir vorgenommen,
jeden Tag etwas Neues zu verstehen.
Ich möchte verstehen,
wie wir atmen in dieser schmutzigen Luft,
wie wir arbeiten, ohne Freude daran zu haben,
wie wir lachen, ohne glücklich zu sein,
wie wir lügen, ohne ein schlechtes Gewissen zu haben,
wie wir Fehler begehen, ohne aus ihnen zu lernen,
wie wir Menschen verletzen, ohne dabei Reue zu verspüren,
wie wir in Beziehungen leben, ohne zu lieben,
wie wir Leid sehen und
uns einen Dreck darum scheren,
wie wir nehmen, ohne zu geben,
wie wir alles wollen und nichts dafür tun,
wie wir verkümmern, ohne zu sterben,
wie wir schlafen, ohne zu träumen,
wie wir träumen, ohne zu leben,
wie wir aufgeben, ohne zu kämpfen.
Am ersten Tag schon bin ich daran gescheitert,
irgendetwas davon nur ansatzweise zu begreifen.

Und ja, ihr hattet recht, im Kopf bin ich ein Kind geblieben.
Aber tief in meinem Inneren glaube ich, dass das gut so ist.

Unsere Reise

Immer wenn du gehst,
gehe ich mit dir,
vertraue dir auf Schritt und Tritt,
nicht, weil es immer richtig ist –
Hauptsache mit dir, dann komme ich mit.

Will noch so vieles mit dir erleben:
Da ist dieser Wunsch, den ich hege,
zusammen mit unseren zukünftigen Kindern
die Welt zu bereisen;
will mit Liebe um mich schmeißen,
jeden Tag was Neues reißen,
keinen Tag ohne Quatsch im Kopf,
und du der Deckel für meinen unförmigen Topf.

Ich weiß, du bist immer da
und wir zwei sind beständig.
Trotzdem bist du mein größtes Abenteuer;
mit dir fühl ich mich lebendig.
Keinen Tag ohne etwas Neues,
nur eines bleibt:
Wir zwei sind vereint.

Fühle mich dir jeden Tag noch mehr verbunden,
nach manchen Krisen und all den Stunden
weiß ich, dass das alles einen Sinn hat.
Du bist alles, was ich je gesucht habe.
Auch wenn der Weg mal holprig wird,

macht das nichts,
dann haben wir uns auch mal verirrt.

Dann lernen wir
und bekommen es das nächste Mal geschickter hin.

Wenn wir endlich angekommen sind,
am Ende unserer Reise,
werden wir es endgültig wissen
und sind dann hoffentlich weise.

Vertrauen, Verständnis und auch Liebe zählt,
nichts anderes wünsch ich mir auf diesem Weg.

In Liebe, deine kleine Maus,
die für Liebe kein Zuhause braucht.
Du bist mein Zuhause,
und so meine ich das auch.

Damals/ Me-Time

Damals habe ich es nicht verstanden.
Wieso soll ich allein sein
und nicht mit den anderen?
Wozu? Ich sah den Sinn nicht.

Seit ich älter bin,
verstehe ich: Ich brauche mich.
Immer öfter brauche ich die Zeit,
allein zu sein, nur mit mir,
im Jetzt und Hier.
Ich liebe diese schönen Seelen
um mich herum, nichtsdestotrotz
bleibe ich nach langen Tagen stumm.
Muss auftanken, brauche Energie,
kann nicht erwarten, dass andere sie mir geben.
Ich gebe mir das Glück,
die Liebe und die Stärke, die ich brauche,
um in Gesellschaft zu genießen und zu scherzen.
Kein Mensch auf dieser Welt kann dir geben,
was du dir selbst geben musst.
Keiner ist verantwortlich für dich –
das bleibt leider so, bis zum Schluss.
Es ist schwierig zu verstehen,
wenn du jedoch in Frieden mit dir lebst,
ist die Stille dein heiliger Ort.
Einmal gefühlt, willst du da nie mehr fort.

Achtung, Suchtgefahr!
Keine Angst, deine negativen Gedanken sind nicht wahr.
Wenn du oft allein bist,
hast du keine Angst mehr vor deinem wahren Ich.

Es bedarf Übung, bist du es genießen kannst,
doch es ist ein Geschenk und hält ein Leben lang.
Es braucht auch Mut,
im Reinen mit dir selbst zu sein;
es ist der Himmel auf Erden,
Glückseligkeit, und sie ist dein.

Also gönn dir diese Auszeit.
Es zeugt von Stärke,
bringt dir Klarheit,
hat nichts zu tun mit Einsamkeit,
wenn du lernst zu lieben, das Alleinsein.

Lerne dich selbst kennen,
und wenn du weißt, wer du bist,
kannst du die Ängste benennen,
vor denen du geflüchtet bist.
Es macht keine Angst,
was schon bekannt ist.

Wenn du dich wirklich kennst,
wirst du nicht mehr von willkürlichen Gefühlen gelenkt.
Du lenkst sie, und du weißt wohin:
jeden Tag ein Stück näher zum inneren Frieden,
so macht es Sinn.

Was, wenn du selbst dein „Happy Place" bist,
sodass du ihn nie vergisst
und die Zeit mit dir selbst immer genießt.

Überrasche mich

Wenn du mich überraschst,
dann ist die erste Hürde schon geschafft.
Erstaune oft an Leuten,
die ganz anders sind als ihr Äußeres,
denn ich ertappe mich leider auch dabei –
und dafür schäme ich mich ungemein –,
sie in Schubladen zu verstauen,
wo sie vielleicht nicht hingehören.
Oder ich schätze sie völlig falsch ein,
frage mich selbst: „Wie kann das sein?"

Freue mich wie ein kleines Kind
und halte viel von Menschen,
wenn sie dann anders sind.
Deshalb zeig mir, wie du wirklich bist,
und versteck dich nicht.
Die Menschen wären überrascht,
wenn sie sähen, was du alles schaffst.
Ich will wissen, wie du tickst,
wissen, worüber du lachst,
verstehen: Was hast du durchgemacht?
Was hast du daraus gelernt?
Was wünschst du dir so sehr?
Wovon träumst du nachts?
Ist dein Leben schwer?
Siehst du dich als Opfer
oder trotzdem noch als Gewinner?

Denn du weißt,
durch eine negative Einstellung
wird alles nur noch schlimmer.
Was hat dich geprägt?
Was hast du schon alles erlebt?
Wo sind deine Grenzen?
Denkst du, man kann dich ersetzen?

Ich bin immer positiv überrascht,
wenn mein erster Eindruck überhaupt nicht passt,
weil ich mich so selbst ertappe
und auf etwas Neues einlass'.
Lerne, meinen Vorurteilen nicht zu glauben –
wünschte, ich hätte keine,
doch irgendwie hat man eine Vorstellung davon,
wie jemand auszusehen hat.
Ich fordere: Keine Vorurteile mehr,
ich habe sie satt.
Komm, gehen wir und schaffen sie ab!
So hört alle auf zu schubladisieren;
die Welt wäre eine bessere,
wenn wir weniger kritisieren,
mehr reflektieren
und so erreichen, eine Welt voller Frieden.

Ist das Leben gut zu dir?

Auf all diesen Seiten hab' ich immer nur von mir erzählt,
und nie gefragt, wie es dir dabei geht.

Wie fühlst du dich,
wo schmerzt es dich?

Fühlst du dich wohl in deiner Haut,
und wenn nicht, was hat dir den Tag versaut?

Ist das Leben gut zu dir?
Was kann ich tun, damit dir mehr Gutes passiert?
Hab' mir das sehr für dich gewünscht,
dass du öfter glücklich bist.
Weil das Leben meistens schwer ist,
musst du sehen,
dass du deine Sorgen mal vergisst.
Aber doch bitte dein Lachen nicht,
denn es schmeichelt so sehr deinem Gesicht.

Ich frage mich das oft:
Was quält dich denn,
wo ist dein Knopf?
Sag es mir;
ich such' Antworten für deine Fragen –
den Deckel für deinen Topf.

Mein Leben ist selbst ein Chaos,
da bin ich Fachmann.

Lass mich dir helfen, und ich zeige dir,
dass man es zusammen schaffen kann.

Oder schreib es auf.
Damit es heilen kann,
muss es erst mal raus.
Sorgen sind nicht weg,
nur weil man sie für sich behält.

Das Leben ist ein Wanderweg;
Umwege erhöhen die Ortskenntnis.
Nur so siehst du die schönsten Orte, ganz gewiss.

Ich hoffe nur, das Leben ist gut zu dir,
oder dass du zumindest siehst,
was dir überhaupt Gutes passiert.
Nichtsdestotrotz,
ich bleibe immer hier.

Dankbarkeit

---

*Meine ewige Dankbarkeit gehört den Menschen,
die mich nie aufgegeben haben und
immer noch an mich glauben. Ihr, die meine
Zweifel ertragen habt Tag und Nacht.
Und nie müde wurdet, meinen Texten zu lauschen.
Ohne euch gäbe es heute dieses Buch nicht.
Ohne euch wäre ich gerade nicht so glücklich,
wie ich es bin.
Ihr seid meine Goldschätze.*

In Liebe eure Yasemin